OEUVRE DES CERCLES CATHOLIQUES D'OUVRIERS

LA JOURNÉE

DU

27 DÉCEMBRE 1875

A

SAINT-DIZIER

Relation sur la visite de M. le Cte de Mun

PRIX : 0 fr. 25 centimes.

AU PROFIT DE L'OEUVRE.

SAINT-DIZIER

TYPOGRAPHIE CARNANDET

1876.

AF360342

OEUVRE DES CERCLES CATHOLIQUES D'OUVRIERS

LA JOURNÉE

DU

27 DÉCEMBRE 1875

A

SAINT-DIZIER

Relation sur la visite de M. le Cte de Mun

PRIX : 0 fr. 25 centimes.

AU PROFIT DE L'OEUVRE.

SAINT-DIZIER

TYPOGRAPHIE CARNANDET

1876.

TYP. CARNANDET, A SAINT-DIZIER.

RELATION

SUR LA VISITE DE M. LE COMTE A. DE MUN

§. I

On lisait dans le Courrier de la Haute-Marne du 16 décembre 1875 :

SAINT-DIZIER. — Nous pouvons donner comme certaine une nouvelle qui causera une grande joie non-seulement parmi les habitants de notre ville mais aussi parmi ceux des localités voisines.

Sur la demande du Comité local de l'OEuvre des Cercles catholiques d'ouvriers, M. le comte A. de Mun a bien voulu accepter de venir à St-Dizier.

Dans une conférence générale, l'illustre orateur fera connaître les nobles aspirations qui l'ont conduit, lui et quelques uns de ses amis, à fonder cette grande OEuvre. Son éloquence si connue et si appréciée nous permet de lui prédire un auditoire nombreux et sympathique. Son succès sera celui qu'il n'a cesser de remporter dans toutes les villes où s'est déjà fait entendre sa généreuse parole.

Et dans le numéro du 23 du même mois :

Nous rappelons à nos lecteurs que c'est le lundi 27 courant que M. le Comte A. de Mun vient à St-Dizier.

M. de Mun fera dans la journée deux conférences sur l'OEuvre des cercles catholiques d'ouvriers.

La première aura lieu à deux heures dans la grande salle du collége, et aura pour but de démontrer la nécessité de l'œuvre.

La seconde, qui s'adressera spécialement aux ouvriers. s'attachera à leur faire comprendre les bienfaits que cette OEuvre a l'ambition de leur procurer et sera faite dans la même salle à 8 heures du soir.

M. de Mun convie tous les ouvriers des usines et ateliers du pays à venir l'entendre. Il espère que l'heure choisie pour eux permettra au plus grand nombre de se rendre à son invitation.

Puis, pour préparer les esprits à la nature du sujet que devait, quelques jours après, traiter d'une manière si merveilleuse le conférencier attendu, le journal du même jour. continuait :

Lundi prochain, Saint-Dizier aura l'honneur et surtout le profit, ambitionné par beaucoup de grandes villes d'entendre un orateur éminent. Qu'on se figure. le P. Lacordaire en frac militaire ou civil, voilà M. le comte de Mun, le promoteur de l'œuvre des cercles catholiques. Il vient pour gagner parmi nous des sympathies à cette œuvre à laquelle il se voue désormais tout entier. Chez lui l'orateur tient beaucoup du soldat et son éloquence essentiellement militante et belliqueuse, est une véritable charge à fond sur toutes les erreurs du temps.

Il a écrit le mot *Syllabus* sur son drapeau qu'il ne cache jamais, contrairement à ce qui se pratique aujourd'hui surtout en politique où chacun a grand soin de mettre le sien dans sa poche. Que l'on ne s'effraie pas de ce mot grécolatin, il n'a rien en soi de cabalistique ni de bien affreux, il signifie tout simplement *résumé*. Le *Syllabus* est le résumé, la liste des erreurs modernes. A première vue, ces erreurs semblent innombrables comme ces gouttelettes qui composent les brouillards dont l'air est quelquefois saturé et obscurci. Cependant une habile analyse les a réduites à un nombre assez restreint d'articles. Il n'y en a que quatre-vingts. Reproduites et multipliées sous toutes les formes ces quatre-vingts erreurs sont extrêmement répandues aujourd'hui. Conversations, livres, journaux, tribune, elles enveloppent tout de leurs ombres. On les respire avec l'air, c'est un choléra moral dont notre société est infectée et se meurt. Voilà l'ennemi auquel s'attaque M. de Mun.

On se figure volontiers qu'il faut un grand raffinement de dévotion pour aller jusqu'au *Syllabus*. On se trompe, à cela le bon sens le plus ordinaire suffit comme pour le catéchisme. Le *Syllabus* n'est que le revers du catéchisme. Là où le catéchisme dit : Je crois en Dieu, l'erreur notée dans le *Syllabus* répond : Je ne crois pas en Dieu. Selon le catéchisme l'homme a été créé et mis au monde pour connaître Dieu, l'aimer et le servir et par ce moyen obtenir la vie éternelle. Selon la philosophie moderne, l'homme a pour mère la matière et pour père le hasard, il ne doit rien à Dieu qui n'existe pas ; il n'a pas de devoirs à remplir ni de vertus à pratiquer, mais seulement des droits à exercer et des appétits à satisfaire. La loi de sa vie c'est la lutte pour l'existence. Le bien et le mal ne sont que des préjugés. Il n'y a pas de vie éternelle et immuable ; il n'est pas du tout nécessaire que les lois humaines se conforment au droit naturel, ou reçoivent de Dieu le pouvoir d'obliger. Il ne faut reconnaître d'autres forces que celles qui résident dans la matière, et toute la morale, toute l'honnêteté doit consister à accumuler et augmenter de toutes manières ses richesses et à se procurer des jouissances. Le droit consiste dans le fait matériel ; tous les devoirs des hommes sont un mot vide de sens, et tous les faits humains ont force de droit. L'autorité n'est autre chose que la somme du nombre et des forces matérielles.

Ainsi du reste, voilà ce que le *Syllabus* flétrit, d'accord en cela avec le plus gros bon sens. Pour ne pas admettre le *Syllabus*, il faut avoir dit adieu au bon sens. Quand donc nous entendrons M. de Mun nous déclarer que notre société moderne ne se relèvera que par le *Syllabus*, il ne faudra pas que cela nous étonne plus que si nous entendions un médecin dire à son malade qu'il ne guérira qu'à la condition d'observer les plus élémentaires prescriptions de l'hygiène et de la médecine.   G***

§. II

Lundi matin 27, tout était donc prêt pour la réception de M. le Comte de Mun. Tous connaissaient son arrivée, et chacun se préparait à profiter selon ses désirs de cette faveur naguère si peu probable.

Trois jours après un rapport a été envoyé, sur sa demande, au Comité de l'œuvre des Cercles catholiques d'ouvriers à Paris. Il nous permettra de reproduire les faits, discours et documents principaux de cette journée désormais historique dans nos annales.

Auparavant nous présenterons une vue d'ensemble très-fidèle des conférences, qui a paru dans le *Courrier de la Haute-Marne* du 51 décembre, sous la signature G***

Nous avons annoncé M. de Mun, nous avons espéré et fait espérer beaucoup ; mais ce qu'il nous a été donné de voir et d'entendre a été merveilleux.

La société française va périr ; elle va périr parce que Dieu n'est pas à sa place dans nos lois ni dans nos institutions. A la place de Notre-Seigneur Jésus-Christ, roi éternel des siècles et des peuples, les législateurs de 89, codifiant en cela l'impiété et la corruption de leur siècle, ont mis une idole, l'État-Dieu. Puis se tournant vers le peuple et lui montrant l'idole, ils lui ont dit voilà ton Dieu, il n'y en a point d'autre. Et lui montrant la terre, ils ont ajouté : voici le paradis, il n'y en a point d'autre. Le peuple naturellement crut ce que les riches et les savants lui disaient. Le peuple n'a pas le temps d'étudier, mais on vit bientôt qu'il savait conclure, et voici le raisonnement qu'il fit aussitôt : La terre étant le paradis, j'ai droit au paradis de la terre et à toutes ses jouissances, je veux donc les avoir et je les aurai. Alors le peuple somma le dieu nouveau de le mettre en possession du nouveau paradis, et l'idole restant sourde, le peuple la brisa dans sa colère. Les prêtres de l'idole en ramassant les débris, les assemblèrent de nouveau comme ils purent. Ce qui veut dire en langage ordinai-

re, que les hommes d'Etat firent une nouvelle constititu-
tion. Nouvelle sommation du peuple de plus en plus impa-
tient de jouir de ce qu'il regarde comme son droit ; nouvelle
impuissance de l'Etat moderne de satisfaire les apira-
tions populaires dans la direction qu'il leur a donnée.
Nouvelle exaspération du peuple : nouveau bris et ren-
versement de l'idole. Depuis bientôt cent ans voila toute
l'histoire de France : des gouvernements détruits, des cons-
titutions déchirées et jetées au vent par vingtaines ; et les
masses populaires toujours plus ardentes demandant qu'on
en finisse. Et il faudra bien en finir. Or voici le dilemme
qui est posé à la société française : Ou Dieu reprendra parmi
nous la place qui lui appartient, ou la société française va
périr. Ou bien le règne social de Jésus-Christ sera restauré
en France ou bien il n'y aura plus de France.

Déjà plusieurs voix quasi-prophétiques se sont élevées
pour nous donner ces avertissements, mais nous venons
d'en entendre une plus forte et plus claire que toutes les autres. Pour plaider la grande cause de sa souveraineté, Dieu
a pris un avocat de son choix. Le salut de la France a trouvé son
O'Connell ; nous l'avons salué dans la personne de M. le
comte de Mun. Cet homme, hier encore si ignoré sous son
uniforme d'officier de cavalerie, vient de se révéler, je ne
dirai pas grand orateur, ce serait trop peu, mais grande
puissance pour le salut de notre patrie.

M. de Mun réunit dans sa personne tout ce qu'il faut pour
qu'en le voyant, les masses populaires reconnaissent du premier coup en lui, celui qu'elles peuvent suivre en toute su-
reté. Il porte ce caractère très-positif, très-reconnaissable,
quoique très-indéfinissable, de l'homme absolument véridi-
que. Comme le divin maître, il dit cela est, ou cela n'est
pas, et l'on croit. Et puis, chose qui n'est pas indifférente,
comme on reconnaît vite en lui le gentilhomme et le soldat !
Extérieur noble, figure franche et martiale, air du comman-
dement, il a tout ce qui plaît, subjugue et entraîne. Mais
surtout quelle merveilleuse parole, simple, élégante, inci-
sive, vibrante et par dessus tout souverainement claire ! En

parlant de la langue française quelqu'un a dit : « cette ai-guille d'acier qui excelle à faire passer partout le fil du bon sens. » Cela est surtout vrai quand la langue française est parlée par M. de Mun, comme elle est fine, acérée et brillante dans sa bouche ! M. de Mun ne parle ni comme un avocat, ni comme un prédicateur, ni comme un homme de tribune, ni comme aucun parleur de n'importe quelle profession. Son éloquence est une éloquence vierge qui n'a jamais servi, (on sent cela) d'autre cause que celle de Dieu, de la France. Elle est de si bon lieu qu'on ne saurait dire d'où elle vient.

Pendant les quelques heures qu'il a passées à St-Dizier, M. de Mun a parlé trois fois. Une fois devant un auditoire composé de ce qu'il ne craint pas, conformant son langage à la vérité plutôt qu'à nos préjugés, d'appeler les classes di-rigeantes ; une fois dans le sein du comité du cercle ; une dernière fois devant un auditoire de plus de 1,500 ouvriers. Nous donnons ci-après des analyses du premier et du dernier de ces discours ; disons un mot de l'effet produit. Le premier audi-toire, quoique fort nombreux, aurait pu, aurait dû l'être da-vantage encore. Mais toutes les personnes qui ont eu l'a-vantage très-grand de se trouver là, avoueront que l'effet produit a dépassé tout ce qu'on avait attendu. Nous avons vu bien des hommes qui, venus pour juger et critiquer s'il y avait lieu, se sont retirés le cœur ému et les larmes aux yeux. Les applaudissements ont été nombreux et bien sentis. Des remerciements chaleureux ont été adressés à l'orateur d'abord par M. le curé doyen du canton, ou plutôt par Mgr l'évêque lui-même, dont M. le curé a lu une belle lettre que nous reproduisons, ensuite par M. le supérieur du collége. M. le supérieur a caractérisé l'apostolat de M. de Mun par plusieurs textes de l'Ecriture heureusement et délicatement choisis. Il a surtout remercié l'orateur pour les semences salutaires que son admirable parole laissera nécessairement dans les jeunes âmes qui l'avaient recueillie.

Mais le soir devant les ouvriers M. de Mun s'est surpas-sé lui-même. Quand il s'est vu en présence de cette multi-tude d'hommes du peuple qui remplissait l'immense salle sans laisser une place vide, qui même débordait au déhors, un frémissement de bonheur s'est emparé de lui. Il avait enfin l'auditoire qu'il lui fallait. Aussi comme il a trouvé du premier coup l'entrée du cœur de ces braves gens, en leur parlant de la patrie malheureuse, en leur parlant de l'épée que, hier encore, il portait et dont il a fait le sacrifice par amour pour le peuple. Voici un soldat, et M. de Mun l'est jusqu'au fond de son âme, il a quitté son épée pour pouvoir plus librement dire la vérité au peuple, demandez donc maintenant s'il aime le peuple. Il a trouvé des accents tellement beaux, tellement pénétrants, qu'il a pu s'écrier hardiment: Si je ne vous aimais pas, est-ce que je vous parlerais comme je vous parle ? Il était comme surpris lui-même des sentiments qu'il éprouvait et qu'il exprimais. Aussi comme ces braves ouvriers étaient heureux de l'entendre, comme ils se livraient à lui! L'orateur sans cesser un instant d'être noble, a été familier, caressant, tendre, passionné. Il s'est rendu complètement maître de la place. Nos ouvriers de St-Dizier ont le cœur excellent. Ils ne mettront aucun obstacle au bien qu'on voudra faire parmi eux. Ils sont tout prêts, ils attendent. La moisson est mûre, prions Dieu qu'il envoie des ouvriers pour la moisson !

M. André, président du comité du futur cercle a présenté à M. de Mun les remerciements des ouvriers. Il l'a fait en termes émus. Puis s'adressant à ceux-ci, il leur a dit : Ailleurs, par exemple en Angleterre, le travail est considéré comme une vile marchandise, et les salaires subissent, comme les denrées, la hausse et la baisse suivant les accidents et les circonstances. Ici à St-Dizier et dans les environs rien de pareil, mais les patrons et les ouvriers sont déjà une famille dont nous vous convions à resserrer de plus en plus les liens. Il ne tiendra qu'à vous qu'il en soit ainsi. Pour cela venez avec confiance à nous qui voulons votre bien avec celui de la patrie.

Quels temps extraordinaires que ceux où l'on voit de tels spectacles. On croirait que la divine sagesse qui dès le principe se jouait dans le monde, se plaît encore plus que jamais à des jeux et à des contrastes. Elle sait quand il lui plaît prendre une jeune fille des champs pour en faire un grand capitaine, un général toujours victorieux. Elle sait aussi trouver sous la casaque d'un soldat le plus admirable apôtre. Espérons que le succès sera le même au XIXe siècle qu' au XVe. Espérons que la bannière de M. de Mun sera aussi triomphante que celle de Jeanne-d'Arc.

G***

§. III

Qu'ajouter à ces lignes ? Si, au lendemain d'un pareil jour, il est difficile de résumer avec justesse la multitude des impressions produites et ressenties : s'il est impossible de rassembler et de juger les effets et leurs conséquences ; s'il est vrai de dire que le recueillement seul permettra d'en parler plus tard avec vérité.

Aujourd'hui au moins on ne peut méconnaître que c'est une joie générale qui règne dans tous les cœurs chrétiens ; un profond sentiment de reconnaissance qui s'élève vers Dieu dont la visible bénédiction a marqué chaque instant de cette mémorable journée ; un désir unanime pour les vrais catholiques de suivre la trace lumineuse que nous a signalée notre secrétaire général.

Lundi donc, après sa fatiguante journée du dimanche, M. le Comte de Mun quittait Troyes presqu'au milieu de la nuit pour répondre à notre appel, et arrivait à St-Dizier un peu après midi.

Une heure à peine s'était écoulée, que déjà il avait recommencé son apostolat et captivait par le charme si connu de sa parole près d'un millier d'auditeurs choisis.

Nous allons essayer de donner une analyse à peu-près complète de son éloquent discours ; mais auparavant nous indiquerons quelles précieuses et hautes sympathies nous étaient venues de toute part.

La ville tout entière, moins un très-petit groupe d'exceptions bien regrettables, était présente, réunie dans la grande salle du collége ecclésiastique dont l'excellent supérieur faisait les honneurs. Plusieurs fonctionnaires, presque toutes les autorités de la ville, un grand nombre de prêtres accourus de leurs paroisses, des conseillers généraux, des maîtres de forges, des notabilités du département se pressaient sur l'estrade et s'étaient joints au Comité local de l'œuvre pour entourer le sympathique orateur; Bar-le-Duc, Vitry-le-François, Chaumont, Langres, Wassy, Joinville, étaient représentés soit par des membres de l'œuvre, soit par des fervents catholiques. Le matin de ce beau jour, le préfet de la Haute-Marne, M. le Comte de Masin, retenu au chef-lieu, par ses fonctions, et répondant à une invitation du Conseil qui lui exposait « que sa présence serait un « grand honneur et un grand encouragement, que la con- « viction où nous étions de remplir un devoir impérieux, « nous donnait la hardiesse de réclamer protection aussi « bien auprès des autorités de l'Etat qu'auprès de celles de « l'Eglise; et que Mgr l'évêque de Langres ne pouvant « venir à St-Dizier, tenait cependant à témoigner de sa « parfaite adhésion à nos efforts; » M. le Préfet, disons-nous, faisait parvenir au secrétaire du Comité la belle lettre que voici :

Chaumont, 26 décembre 1873.

Monsieur,

Je regrette vivement que mes occupations ne me permettent pas de me rendre votre invitation. Je m'intéresse au plus haut point à l'œuvre des cercles catholiques d'ouvriers, car ma conviction est qu'elle peut donner d'excellents résultats, et son extention est un signe évident des sympathies qui l'entourent justement comme de la foi qui règne encore heureusement dans la population.

J'aurais été heureux de pouvoir témoigner particulièrement à messieurs les membres du Comité de St-Dizier tout l'intérêt que je prends leur œuvre.

Je vous prie, monsieur de les remercier de ma part et d'être près d'eux l'interprète de mes sentiments.

Agréez, etc.

Le Préfet de la Haute-Marne
Comte de MASIN.

Et comme, nous faisant scrupule de rendre public, sans son assentiment, ce témoignage de l'estimable magistrat, nous lui écrivions :

31 décembre 1875,

Monsieur le Préfet,

Le comité de Saint-Dizier a été profondément touché des nobles sentiments d'approbation que vous lui avez envoyés. Il me charge de vous en témoigner toute sa reconnaissance et de vous assurer de son inébranlable volonté de poursuivre le grand mouvement social et catholique qu'il vient de provoquer.

La journée du 27 a dépassé nos espérances ; plus de 1500 ouvriers ont écouté avec l'intérêt le plus sympathique, l'ardente parole du conférencier. Le Comte de Mun, transporté par cet auditoire nouveau et inattendu, s'est surpassé, et pendant une heure nous a tous tenus sous le charme de l'éloquence la plus rare.

Nous avons commencé un compte rendu de cette journée mémorable. Une lettre admirable de notre évêque y figurera. Nous autorisez-vous, Monsieur le Préfet, à faire connaître en même temps l'intérêt profond que vous voulez bien nous porter, en citant votre lettre du 26 ?

Le Comité serait heureux d'avoir cette nouvelle preuve de votre approbation, et quelle que soit votre pensée; vous renouvelle ses sentiments reconnaissants.

M. le Comte de Masin nous répondait deux jours après :

Chaumont, le 2 janvier 1876.

Monsieur,

Les regrets que j'ai éprouvés de ne pouvoir me rendre à votre réunion et l'intérêt que je porte à votre œuvre sont trop sincères pour que je trouve aucun inconvénient à en rendre le témoignage public.

Vous pouvez donc faire de ma lettre l'usage qui vous paraîtra utile ; car j'aurai toujours à cœur de ne laisser dans l'esprit de personne aucun doute sur les sentiments qui m'animent.

Recevez, etc,

Le Préfet de la Haute-Marne
COMTE DE MASIN.

§. IV

Nous arrivons à la conférence (1) : Vous n'attendez pas

(1) Pour l'analyse de cette conférence, nous avons adopté la forme oratoire qui nous a paru rendre d'une manière plus saisissante les pensées de l'éloquent conférencier. Mais pour qu'aucun doute ne soit possible, nous nous empressons de déclarer de nouveau que nous n'avons voulu donner qu'une analyse.

de moi, commence l'orateur, que par d'habiles mouvements oratoires, je vienne vous convaincre de la vérité de la cause dont je suis le serviteur. Ce serait, ce me semble, faire injure au bon accueil que j'ai reçu dès mes premiers pas dans votre pays. Je m'efforcerai pourtant de faire aussi dignement que possible l'œuvre pour laquelle nous sommes ici rassemblés, et si vous ne voyez plus à mon côté l'épée que j'aurais voulu garder longtemps encore pour la porter au premier rang contre l'ennemi, vous reconnaîtrez, je l'espère, que ma parole est restée celle d'un soldat et d'un homme qui aime son pays. A cette heure solennelle, vous me permettrez de vous parler sans déguisement, avec la franchise et je dirai presque la brutalité du soldat. Déchirons ensemble les bandeaux qui nous cachent les misères et les dangers de la société française.

Il faut nous l'avouer : la société française va périr. Une grande nation touche à sa ruine ; elle va bientôt voir s'effacer le souvenir de sa puissance, le prestige de sa grandeur passée, tous ses plus beaux titres de gloire. Non, il n'est personne d'entre vous qui, rentrant le soir dans ses foyers, ne répète avec tristesse, avec accablement : C'en est fait, nous allons périr ! N'entendons-nous pas gronder sans cesse les sourdes haines ? Ne voyons-nous pas chaque jour monter le flot des revendications ? Bientôt il va nous engloutir. Tous s'accordent à répéter celui-ci avec dépit, celui-là avec découragement, cet autre avec espérance pour reculer le plus possible les limites de son illusion : « La patrie est perdue ». Et qu'est-ce donc que la patrie ? La patrie, c'est le sol que vous foulez, ce sont les berceaux de nos enfants, la terre où reposent les cendres de vos ancêtres, et, qui ne l'aime cette patrie, et n'éprouve au fond de son âme une amère douleur en la voyant rongée par une plaie profonde, un mal mortel, la haine des différentes classes les unes contre les autres ! Voilà le mal ; je l'ai dénoncé, et ce mal, il faut le regarder bien en face. Or, écoutez si vous le voulez, écoutez l'écho de vos pensées les plus intimes, écoutez ces grandes voix qui partent de la conscience publique ;

il y a une pensée qui domine toutes les autres, c'est le besoin du repos et de la paix sociale. Un grand docteur a défini la paix : la tranquillité de l'ordre. L'ordre essentiel de la société répond à l'idée que vous vous faites d'une demeure bien organisée, telle que vous la désirez, où tout est à sa place. Aujourd'hui, dans la société, il y a quelqu'un qui n'est pas à sa place, quelqu'un que vous avez chassé depuis 80 ans, quelqu'un qui est à la porte, qui attend qu'on lui ouvre, quelqu'un sans qui vous n'aurez jamais la paix, et ce quelqu'un c'est Dieu !

Mais, me direz-vous, comment osez-vous affirmer que Dieu n'est pas à sa place dans notre société, lorsque vous parlez comme vous le faites entouré des ministres de son culte, lorsque les églises sont ouvertes à tous, que les cérémonies s'y accomplissent librement, que chacun est libre d'y assister ? Eh ! bien oui, Messieurs, je n'ai pas dit que Dieu n'avait pas une place parmi vous ; mais j'ai dit qu'il n'y était pas à sa place. Dieu est toléré parmi vous, mais il ne règne pas dans vos mœurs, dans vos lois, dans vos institutions, dans votre politique surtout. Vous vous êtes fait un Dieu de convention, se désintéressant de ce qui se passe en ce monde, vous dites qu'il a bien autre chose à faire. Eh ! bien, moi, messieurs, je suis convaincu du contraire, je crois que Dieu s'occupe beaucoup de nous et que sa providence s'étend jusqu'aux plus petits détails de la vie des individus comme de celles des nations. Autrefois Dieu était à sa place parmi vous, et la paix y était avec lui. C'est en 89 que tout a été changé ; Dieu fut alors exclu de nos lois, et la paix fut exclue avec lui. La révolution a été une œuvre satanique, elle a inauguré officiellement en France la royauté de Satan. Elle poursuit encore aujourd'hui sa tâche qui est la destruction de notre patrie. Elle se déguise sous les noms de rationalisme, de naturalisme, de libéralisme, mais c'est toujours la révolution, toujours le même principe satanique, qui ne pourra être vaincu que par le principe contraire.

La corruption n'est pas venue d'en bas, mais d'en haut,

la Révolution n'est pas née du cœur du peuple, mais elle y
est descendue du cerveau des philosophes, après avoir versé
tous ses poisons dans l'âme des puissants de la terre pro-
tégée par les rois qu'elle devait précipiter de leur trône,
patronnée par les grands qu'elle allait égorger, elle fut
portée au pouvoir par tous ceux qui avaient alors mission
de diriger les autres ; et quand elle fut toute puissante, elle
trouva sans peine, pour se débarrasser de ceux qui l'avaient
faite, une populace qu'elle prit à sa solde ; mais le peuple,
le vrai peuple, l'artisan des corps de métiers, le laboureur
des champs, l'ouvrier chrétien en un mot, résista longtemps
à la corruption, et ce ne fut que lentement que la conta-
gion de l'exemple descendit du palais dans la chaumière et
dans l'atelier. Aujourd'hui le mal est fait, ou peu s'en faut,
mais il faut avoir le courage de dire comment il s'est fait
et d'en tirer avec l'aveu des fautes du passé, le ferme
propos de les réparer.

Donc, nos économistes, nos philosophes du dernier siècle,
ceux enfin qui parvinrent au pouvoir, chassèrent Dieu de
la Constitution et des lois ; ils fermèrent le ciel au peuple,
et alors, comme l'a si bien dit l'admirable évêque de Genève
dans une conférence à Ste-Clotilde, le peuple dans sa logi-
que inflexible s'est écrié : « Vous m'avez ôté l'espérance du
paradis, vous m'avez débarrassé de la crainte terrifiante de
l'enfer, la terre me reste, et je l'aurai, elle sera au plus
fort. Je veux jouir, moi aussi, je veux ma part dans des seuls
biens qui existent. Et l'on sait si, en ce moment même, le
volcan communiste ne gronde pas sourdement sous le sol
ébranlé de la France.

Or, il faut que la réparation vienne d'où le mal lui-même
est sorti. Il faut que les classes dirigeantes remettent Dieu à
sa place, reconnaissent son autorité suprême, et rétablis-
sent en France la royauté sociale de N. S. J. C. Pour réparer
ce mal je ne viens pas vous apporter de nouveaux systèmes,
vous développer de nouvelles utopies, de nouvelles rêveries
comme celles qui vous ont déjà été présentées tant de fois
par d'audacieux usurpateurs de la parole publique. Ce que

je viens vous proposer n'est pas de moi, ce n'est pas un remède nouveau. N. S. J. C. descendu du ciel pour nous instruire, nous a laissé une règle de conduite dont l'interprète infaillible est l'Eglise catholique? Il me suffit donc de répéter la leçon du Maître. Il faut que les grands et les puissants qui, les premiers ont accueilli les doctrines philosophiques affirment hautement leur foi qui ne peut être que celle de l'Eglise catholique. Il faut qu'ils embrassent franchement sa doctrine, et particulièrement les articles qui répondent aux besoins de notre malheureux temps. Or ces articles sont renfermés dans un document émané de la chaire infaillible que J.-C. a établie pour être dépositaire de la vérité, et où sont condamnées toutes les erreurs de notre temps. Ce document, vous l'avez nommé, Messieurs, c'est le *Syllabus*. C'est donc la doctrine du *Syllabus* qu'il faut mettre à la base de toutes les institutions sociales. Et pour la question ouvrière, la plus importante question du moment, c'est encore au catholicisme qu'il est nécessaire d'en demander la solution. Ne la demandez pas à ces inventeurs de systèmes plus absurdes les uns que les autres, qui ne tiennent rien de ce qu'ils ont promis, qui ne croient pas eux-mêmes aux doctrines qu'ils enseignent. En est-il un seul qui soit allé au bout du monde se faire tuer pour la propagation de ses idées. Eh bien, moi, Messieurs, je ne crois pas à une doctrine qui n'a ni apôtres, ni martyrs, et c'est là le privilège exclusif de l'Eglise catholique. Elle a toujours eu des hommes prêts à donner leur vie pour affirmer leur foi. Aujourd'hui encore, comme dans les premiers siècles, ses missionnaires abandonnent famille, patrie, tout ce que les hommes ont de plus cher et vont se faire crucifier en Chine, aux extrémités du monde pour gagner des âmes à Jésus-Christ. C'est donc le catholicisme seul qui peut sauver la société en péril ; sachez-le bien, Messieurs, les catholiques seuls sont les hommes de l'avenir parce que le catholicisme est éternel.

L'Eglise catholique, Messieurs, c'est ce qui a fait la France. Il y a une grave erreur, un mensonge historique qu'il im-

BIBLIOTHÈQUE NATIONALE R.F.

porte de redresser avant tout. On fait croire au peuple que son histoire date d'hier, qu'il est né avec la Révolution française. Cela n'est pas vrai. L'histoire du peuple français est vieille de 14 siècles et elle est intimement liée à celle de l'Eglise catholique. Lorsqu'après l'invasion des Barbares, la société était entièrement désorganisée, ce fut l'Eglise catholique qui réunit ses membres épars et la reconstitua autour de ses pasteurs ! elle civilisa les sauvages conquérants ; puis, plus tard, quand le peuple opprimé par les grands, gémissait en proie à toutes les violences, il implora la protection des évêques et ceux-ci prirent en main la cause des faibles contre les puissants ; ils parlèrent au nom de Dieu et obligèrent les seigneurs d'abord pendant des jours, puis pendant des semaines, enfin pendant des mois, à suspendre le cours de leurs vengeances et de leurs guerres, et cela s'est appelé la trêve de Dieu, c'est-à-dire la paix de Dieu.

Bientôt pénétrés de la vérité de cette parole de l'évangile. « Malheur à celui qui est seul, » les pasteurs de l'Eglise catholique groupèrent entre eux les pays des campagnes, les artisans des villes et ils formèrent les corporations qui avaient pour but d'aider les travailleurs à défendre leurs intérêts communs. C'est des corporations que sont sorties les communes.

Ces corporations furent un immense bienfait pendant toute la période du moyen-âge et leur suppression sommaire par un trait de plume, fut un des grands crimes de la Révolution. Je ne nie pas qu'il n'y ait eu dans ces institutions des abus à réformer, je ne prétends pas ici en être le juge, mais au lieu de s'occuper à corriger ce qu'elles pouvaient avoir de défectueux, elles furent exécutées sommairement par une coterie d'économistes parvenue momentanément au pouvoir.

Mais, allez-vous dire, venez-vous nous proposer de rétablir les corporations du moyen-âge ? Je n'en sais rien ; le moyen de sauver notre société est encore le secret de Dieu ; c'est à vous, Messieurs, de le chercher. L'année dernière, l'Assemblée la plus chrétienne que la France ait eu depuis un siècle avait nommé une commission d'enquête chargée d'étudier les moyens d'améliorer le sort de la classe ouvrière. Cette commission a constaté la profondeur des misères de l'ouvrier. Elle a constaté une tendance générale vers la corporation, l'association, comme principal remède à employer contre la misère, puis elle s'est reconnue impuissante à donner ce remède. Un ouvrier parisien appelé à déposer devant cette commission déclara que la misère physique était certainement navrante, mais que la misère morale était plus grande encore ? et il ajouta dans son langage naïf que pour y remédier, il faudrait rétablir quelque chose comme les anciennes corporations ouvrières. Cependant Messieurs, le rapport conclut en disant qu'il n'y a rien à faire. N'est-ce pas étrange ? On reconnaît le mal, on voit le remède, mais parce que légalement ce remède n'existe plus, il n'y a rien à faire ! ! ! Eh ! bien, si personne veut se charger de sauver ceux qui se perdent l'Eglise catholique le fera par le moyen de l'association.

Ce moyen, cette arme nous la possédions autrefois, mais nous l'avons laissé tomber et le démon s'en est emparé, car lui non plus ne se désintéresse pas de nos affaires. Pour remplacer ces associations bienfaisantes, il a créé des associations illicites, des sociétés secrètes telles que l'Internationale, que ses chefs même ont été obligés de condamner. C'est cette société qui enrôle tous les jours des centaines d'ouvriers. Le soir, quand le malheureux sort fatigué de son travail, on l'attend au coin d'une rue et profitant de cette heure de défaillance physique et morale, sous prétexte de lui offrir un repos et un délassement, on l'entraîne à sa perte. Souvent les ouvriers de la campagne qui viennent chercher du travail à Paris perdent leur foi avant même d'entrer dans la capitale ; le mal les attend à la porte de la grande cité et leur âme est perdue!... Or, Messieurs, savez-vous ce que c'est qu'une âme qui se perd ? C'est un lambeau de la France, de la patrie qui est enlevé ; c'est une partie de vous-même qui périt !

L'arme de l'association, reprenons-la donc maintenant et

qu'elle ait pour principe la charité. Encore une arme chrétienne que nous avons laissé tomber, mais celle-là le démon n'a pas pu la ramasser parce que sa main maudite ne peut pas y toucher. Et quand je parle ici de la charité, je n'entends pas parler de cette charité qui consiste à retirer de sa bourse une pièce de monnaie pour la mettre dans la main de celui qui souffre de quelque misère, j'entends par la charité, le dévouement, dévouement des patrons pour les ouvriers et des ouvriers pour leurs patrons ; dévouement constant, généreux, qui ne se borne pas seulement aux nécessités matérielles, mais qui s'étend aussi aux besoins moraux. L'église catholique seule peut l'inspirer, parce que seule elle est la source de la charité et du dévouement.

Mes jeunes amis, vous êtes aujourd'hui dans la société, comme des rejetons épargnés par l'orage, demain vous y serez comme des sauveurs, c'est vous qui êtes appelés à régénérer la patrie, à lui rendre sa grandeur antique. Eh bien ! rappelez-vous que votre étendard, doit être celui de vos glorieux ancêtres, la croix de J-C. Portez-la courageusement dans le monde; aujourd'hui déjà, les sentiers sont battus, et je puis vous dire qu'il ne se passe de semaines sans que je me voie entouré de plusieurs centaines de jeunes gens appartenant aux écoles du gouvernement, et qui tous affirment généreusement leur foi....

Suivez le grand exemple de cet illustre homme d'Etat qui puisa dans le catholicisme le secret de sa force.

Seul, il protesta contre la sacrilège invasion des Etats du Pape. Il avait consacré au Sacré-Cœur de Jésus le pays qu'il a laissé heureux, prospère, florissant. Les sociétés secrètes soudoyèrent contre lui un assassin ; mais en lui arrachant la vie, il ne put détruire son œuvre. « Je meurs, a-t-il dit, mais Dieu ne meurt pas ! »

Eh bien ! nous aussi, Messieurs, nous ignorons quelles sont les épreuves que Dieu nous réserve, mais quelles qu'elles soient, nous ne nous découragerons pas, nous lutterons courageusement contre le mal, et s'il faut des victimes, nous tomberons aussi en disant : Dieu ne meurt pas.

§. V

Le discours est achevé ; des dames patronnesses parcourent alors la salle, et recueillent d'abondantes aumônes qui nous aideront dans la tâche entreprise.

Puis, au milieu du silence le plus recueilli, M. Aubert, curé doyen de Notre-Dame de Saint-Dizier, donne lecture de cette lettre que lui a adressée notre vénérable évêque de Langres, Mgr Guerrin :

LETTRE DE MGR. L'ÉVÊQUE DE LANGRES.

Langres, le 24 décembre 1875.

Monsieur et cher Curé,

Je ne puis, à mon grand regret, assister à la réunion où l'admirable Monsieur de Mun va inaugurer à Saint-Dizier ce Cercle catholique d'ouvriers, à l'établissement duquel un Comité que je ne saurais trop louer, apporte tout son zèle et tout son dévouement ; ce qui ajoute encore à ma peine, c'est qu'il ne m'est pas même donné, à cause des circonstances fâcheuses où nous nous trouvons en ce moment, de me faire représenter par un de MM. les vicaires généraux.

Vous voudrez donc bien, mon cher Curé, être vous-même mon interprète et donner publiquement à M. de Mun, à MM. du Comité, aux ouvriers eux-mêmes et à toutes les personnes présentes, l'assurance de ma complète approbation et de toutes mes sympathies pour une œuvre que je regarde comme une des plus propres, si elle se généralise, à amener l'ordre et la paix dans notre société si troublée et si malade.

Sur quoi, en effet, repose l'ordre social, sinon sur l'harmonie entre toutes les conditions et sur l'union de toutes les classes pour une fin commune, c'est-à-dire le bien général ? Et n'est-ce pas de cet ordre, et de cet ordre seulement que peut sortir la paix ?

L'inégalité de conditions est de l'essence même de la Société, qui ne peut-être conçue et qui ne saurait exister sans cela : ainsi l'a voulu cette divine Sagesse qui préside au gouvernement du monde ; ainsi le veut la nature même des choses. A quoi aboutirait, si elle était possible, cette égalité de conditions et de fortunes, que rêvent des insensés ? — A un effroyable chaos, à la dissolution complète et à la ruine de la Société.

Dans la société, comme dans le corps humain, tous les membres ne peuvent se ressembler, ni avoir les mêmes fonctions et la même importance. Mais tous, par leur action propre, par leur service particulier, concourent à l'harmonie, à la conservation et au bien de tout le corps, l'âme gouverne, l'oreille écoute, l'œil voit et éclaire la marche, les mains et les bras agissent, etc. — De même dans la société il y a l'autorité qui commande et les sujets qui obéissent, chacun selon sa condition et ses fonctions propres : de manière que les uns ne sont pas jaloux et ne se plaignent pas de ce qu'ils ne sont pas ce que sont les autres, et que ceux qui se croient plus que les autres, ne dédaignent pas et ne délaissent pas ceux qui paraissent au-dessous d'eux ; mais que les différentes classes se rapprochent et s'unissent par des services mutuels, se dévouent selon le besoin, les unes pour les autres, et forment ainsi un tout aussi harmonieux que possible, et que le permet l'imperfection humaine.

Or, c'est à ce rapprochement, à cette fusion, à cette vraie fraternité des diverses classes de la Société, dont la Religion peut d'ailleurs seule être le principe et la garantie, parce qu'elle seule proclame et inculque tous les devoirs de la part de Dieu lui-même et en rappelle sans cesse la sanction ; c'est à cette heureuse et sainte harmonie que tend l'œuvre des cercles catholiques d'ouvriers : œuvre éminemment sociale et particulièrement propre à régénérer notre malheureuse patrie.

Honneur donc au généreux initiateur de cette belle et excellente œuvre ! Honneur à tous les Comités, à tous les hommes dévoués qui, marchant sur ses traces, travaillent avec lui pour un si noble but ! Honneur en particulier au Comité de St-Dizier, qui entre résolument dans cette sainte alliance de tous les dévouements ! Honneur à ce petit groupe d'ouvriers choisis qui vont être, dans notre bonne ville de St-Dizier, comme un centre d'attraction pour leurs frères, et qui contribueront ainsi à réaliser le bien que l'on désire faire à tous !

Et que Dieu daigne répandre ses abondantes bénédictions sur cette œuvre naissante et sur ceux qui l'entreprennent et la patronnent, comme je les bénis moi-même du fond de l'âme. Ainsi soit-il.

Agréez, monsieur et cher curé, l'assurance de mon affectueux dévouement,

† JEAN, Ev. de Langres.

§. VI

Ce précieux document, chef-d'œuvre de clarté et de lumière, a dépassé nos espérances les plus grandes, et c'est du plus profond de notre cœur qu'en le transcrivant nous remercions Dieu qui nous envoie dès le début une récompense d'un si haut prix.

Déjà quelques jours auparavant le vénérable prélat avait daigné accorder une bénédiction spéciale pour l'œuvre au président et au secrétaire du Comité, délégués par leurs confrères pour obtenir une chapelle et un aumônier au Cercle.

La lecture est finie, on se sépare ; mais c'est pour se retrouver quelques minutes après au nouveau Cercle, où l'infatigable propagateur, ayant rapidement visité le local, réunit pour la première fois dans cette maison les membres du Comité.

Là, pendant une heure, il prend part à nos travaux, nous éclaire de ses conseils, nous fait pénétrer au cœur même de l'entreprise que nous inaugurons, et enflamme chacun de nous d'une nouvelle ardeur. « Le Comité de l'œuvre compte « sur vous, dit-il, pour être une seconde fondation de « l'œuvre, — Saint-Dizier, nous avait-il déjà dit dans sa « conférence, est appelé à l'honneur d'être le coin de terre « béni par Dieu, d'où partira ce grand mouvement social « et catholique qui est commencé ; c'est à Saint-Dizier que « doit éclore cette restauration de la corporation chrétienne « qui, dans quelques années couvrira toutes les provinces « de France. »

Au cours de la réunion, M. de Mun signale la belle solution donnée par notre chef de la deuxième section sur une des principales objections faites aux Cercles. Nous la reproduisons intégralement, ne pensant pas pouvoir rendre un meilleur hommage au zèle de notre confrère :

12 décembre 1875.

Messieurs,

Depuis notre dernière réunion la section de fondation a poursuivi la tâche qui lui incombe.

Aidés de Messieurs les Curés des trois paroisses qui ont bien voulu nous continuer leur précieux concours, nous avons recueilli des adhésions déjà nombreuses.

Les ouvriers que nous inscrivons sur notre liste sont classés en deux catégories.

Les uns sur lesquels nous croyons pouvoir faire fonds et qui offrent par leur caractère et leurs habitudes religieuses les plus sûres garanties seront désignés d'emblée comme *sociétaires*. Les autres sont inscrits sous le titre de *proposés*. Nous adopterons cette désignation, si vous le jugez à propos pour éviter celle de candidat qui, en ce moment surtout, éveille une idée entièrement étrangère à notre but ; la qualification d'*inscrits* nous a paru avoir un autre inconvénient, celui de laisser croire à une admission définitive. Celle de proposé au contraire explique l'idée de stage et d'une admission ultérieure et conditionnelle.

Il n'est peut-être pas inutile, Messieurs, de vous faire remarquer que parmi les secrétaires mariés, surtout parmi les premiers inscrits, il se trouvera un certain nombre d'ouvriers et des meilleurs, qui ont l'excellente habitude de passer au sein de leur famille leurs heures de loisir et ne mettent jamais les pieds au café.

Ces ouvriers seraient peu assidus au Cercle s'ils n'y étaient attirés que par l'attrait des jeux.

Mais il y a plusieurs de ces hommes honnêtes et rangés à qui il a été possible de faire envisager notre œuvre d'un point de vue plus élevé.

Frappés de l'importance du don désintéressé de la famille Briquet, ils comprennent qu'un tel sacrifice qui ne cherche pas sa récompense ici-bas, est inspiré par un sentiment de véritable dévouement dont la source n'est autre que la Foi.

Il n'en faut pas davantage, Messieurs, pour renverser l'échafaudage des préjugés qui barraient le chemin de leur cœur. Dès lors, ils écoutent avec confiance l'exposé que vous leur faites du but de l'œuvre, des bienfaits qu'elle peut répandre sur la classe ouvrière, et vous les trouvez désireux de s'y associer et de devenir parmi leurs amis de fervents zélateurs.

Ce sont là, Messieurs, les dispositions que nous avons eu le bonheur de rencontrer chez quelques-uns et qui nous ont rempli d'espoir pour le succès de notre œuvre.

Accueillons donc les pères de famille chrétiens, quoique le Cercle soit destiné plutôt aux jeunes gens, parce que ces hommes donneront au Cercle le caractère qu'il doit avoir et seront au début nos meilleurs auxiliaires.

A six heures, un modeste repas nous réunissait autour d'une table de quarante couverts, ce qui nous permettait de le partager avec ceux de nos confrères qui, accourus pour former un garde d'honneur auprès de notre cher Comte de Mun, ne voulaient rien perdre des joies multipliées de ce jour.

§. VII

Mais la journée n'était pas finie, et comme couronnement
de nos efforts, la Providence nous réservait la joie la plus
pure et le succès le plus éclatant. De grandes affiches pla-
cardées sur les murs de la ville et dans les villages environ-
nants annonçaient depuis plusieurs jours une conférence publique aux ouvriers du pays. Rappelant par leurs exemples
des siècles de foi qu'on aurait pu croire à jamais disparus,
des patrons catholiques, dont le travail de leurs usines ne
permet jamais d'arrêt, s'étaient décidés à chômer pendant
plusieurs heures. Des forges, employant 5 et 600 ouvriers,
absorbant des frais généraux énormes, et arrêtées depuis le
samedi, à cause des fêtes de Noël, n'avaient pas rallumé
leurs fours le lundi, permettant ainsi à tous d'entendre la
conférence. Un autre industriel, dont les établissements sont
situés à trois lieues de la ville, avait amené les ouvriers sur
ses chariots d'usines.

Avant huit heures, la grande salle du collége était remplie ;
plus de 1500 ouvriers avaient pu pénétrer, et 300 au moins
durent se retirer, faute de place, seul regret que nous con-
serverons toujours de cette journée du 27. A notre entrée
toutes les têtes se découvrent, le plus profond silence s'éta-
blit, et tous ces braves ouvriers, tant de fois calomniés,
écoutent avec le plus religieux respect les paroles de feu qui
s'échappent des lèvres de l'incomparable conférencier. Ah !
c'est qu'il était prodigieusement ému, ce nouvel apôtre prê-
chant une nouvelle croisade ! Jamais il ne s'était senti si
près de ces ouvriers qu'il aime jusqu'à donner sa vie pour
eux ! Jamais pareille émotion ne l'avait étreint au cœur !
Jamais Dieu n'avait inspiré à son illustre serviteur de sentiments plus brûlants d'amour et de foi, ni d'éloquence plus
enivrante pour les traduire !

Nous tous, auditeurs de cette conférence unique dans son
genre, avons emporté cette conviction que jamais bouche
humaine n'avait redit avec un pareil éclat les gloires et les
douleurs de notre Religion, de notre Patrie, et de la nation

française. La Providence avait décidé de nous marquer en ce jour et d'une manière irrésistible la mission qu'elle nous avait préparée. Ayons la confiance, qu'avec sa grâce, nous la comprendrons jusqu'aux derniers moments de notre vie !

Voici d'ailleurs cette magnifique conférence, aussi fidèlement reproduite que nos souvenirs nous ont permis de le faire (1) :

§. VIII

Voilà le plus beau jour de ma vie. Si j'avais su dès le début, rencontrer dans cette ville une assemblée aussi nombreuse que celle-ci, je serais venu de Paris droit ici commencer l'œuvre dont je suis le représentant parmi vous. Je n'ai rien préparé, je viens, guidé seulement par mon amour pour vous et j'espère que les sentiments qui sont dans mon cœur viendront d'eux mêmes se placer sur mes lèvres. Je vous aime parce que vous êtes le peuple, et que le peuple sauvera la patrie. La patrie, Messieurs, savez vous ce que c'est que la Patrie ? C'est tout ce que vous avez de plus cher ; c'est la terre qui vous a portés et vous a élevés, c'est la terre où vivaient votre père et votre aïeul, c'est le berceau de vos enfants ; et, MM., il n'est personne parmi vous, à quelle que condition qu'il appartienne, quelque soit son rang, qui n'aime sa patrie ; et si je suis aujourd'hui devant vous, si vous entendez ma parole, c'est que je veux travailler avec vous au salut de la France. Or la France ne peut être sauvée que par le peuple ; et voilà, Messieurs, le secret de mon amour pour vous, de cet amour brûlant qui m'anime ; quand on n'aime pas, on ne parle pas comme je parle.

Et d'abord il faut que je vous dise quelle a été l'origine de l'œuvre au service de laquelle j'ai sacrifié d'autres fonctions pour mieux y consacrer ma vie.

C'était au retour de la captivité d'Allemagne, où nous

(1) Nous renouvelons l'observation faite pour la première conférence : malgré la forme oratoire du texte, ces lignes ne sont qu'une analyse.

venions de souffrir la douleur la plus atroce que puisse endurer un homme, la douleur de l'exil.

Vous tous qui aimez la France, et vous surtout qui avez porté les armes et affronté pour elle les périls des combats, vous comprenez combien il est amer de vivre loin d'elle, de la savoir déchirée par la guerre sans pouvoir se défendre parce qu'on est lié par l'honneur et la bonne foi du serment. Ah ! il est dur pour des officiers de voir autour d'eux des souffrances qu'ils ne peuvent apaiser. Ils n'avaient dans l'inaction de l'exil d'autres ressources que de dire : « Mon Dieu, sauvez la France ! » Oh ! oui, ils ont soufferts, et si jamais vous rencontrez dans la rue un officier de la dernière guerre, croyez-moi, saluez-le, il faut toujours respecter le malheur.

Oui, Messieurs, ils ont prié ; ils ont prié pour moins souffrir, et qui donc n'a pas prié dans sa vie ? Je vous défie de me citer un homme, qui n'ait prié quelquefois ; que ce soit dans ses jeunes années, que ce soit à l'heure où la souffrance l'a visité, il a dû dire une fois : Mon Dieu ! et quand il a dit : Mon Dieu, il a prié ; car pour prier il n'est pas besoin d'une longue oraison, il faut seulement que l'âme recoure à Dieu avec confiance.

Or donc, après les longs mois de captivité, des officiers revenaient d'Allemagne, croyant trouver dans leur patrie un soulagement à leurs souffrances, et le repos dont ils avaient besoin. Et voilà qu'une autre douleur aussi cruelle que celle de l'exil les attendait ; l'horrible guerre civile s'était déchaînée sur la patrie, et leurs armes qui venaient à peine de leur être rendues, ils sont obligés de les tourner contre des Français, pour combattre la plus stupide et la plus sanglante des insurrections, faite au nom du peuple et pour le peuple. Et le peuple, qu'y a-t-il gagné ? MM. vous le savez ; ici encore, c'est son sang qui a coulé ; le sang du peuple aveuglé et entraîné par quelques ambitieux, qui travaillaient uniquement pour leur intérêt personnel.

Voilà, MM. les maux qu'il faut guérir ; et les remèdes ce seront nos institutions, ce sera le cercle catholique. La France ne peut être sauvée que par le catholicisme, parce que le catholicisme est seul capable de faire aimer le peuple, jusqu'à se dévouer pour lui ; et ici, MM. une objection se présente sur toutes les lèvres, comment se fait-il que de tant de systèmes essayés pour régénérer le pays aucun n'ait réussi ? Ah ! MM. c'est parce que ces systèmes n'avaient point pour base le catholicisme ; c'est parce que les apôtres de ces doctrines, n'aimaient pas sincèrement le peuple. Il vous promettaient faussement, ces orateurs de carrefour, un bonheur qu'ils ne pouvaient réaliser ; il vous disaient qu'un jour viendrait où la puissance et la richesse passseraient de la main du patron dans celle de l'ouvrier, situation que vous n'avez jamais eue, et que vous n'aurez jamais, vous le savez comme moi. Mais comment ont-ils tenu leurs promesses ; en est-il un seul, qui soit allé comme nos missionnaires, se faire empaler aux extrèmités du monde ; en est-il un seul qui ait renoncé à ses biens, à sa fortune, afin de se dévouer pour le peuple ? Qu'on m'en cite un, et, si vous le pouvez, je prendrai cette homme par la main, et je lui dirai, mon ami vous êtes chrétien ; car s'il a pu agir ainsi, il n'a puisé ses exemples et ses doctrines que dans le catholicisme.

Mais où donc, MM. s'est formée l'idée des associations, dont les bienfaits couvrent aujourd'hui la France entière ? C'est dans un quartier obscur et mal famé de Paris, qu'un homme réunit autour de lui quelques ouvriers dont le nombre s'éleva bientôt à 50, puis à 100. Ces hommes portaient la marque du travail, et leurs mains attestaient que c'étaient des artisans ; et pourtant, ils ne rougissaient pas de porter bien haut l'étendard du Christ, et d'affirmer leur foi par la pratique des vertus chrétiennes et la fréquentation des sacrements. Oui, MM. ils allaient se confesser, ils allaient même communier. Mais cet homme était seul, et c'est alors qu'il s'informa s'il ne trouverait pas encore quelques chrétiens de bonne volonté pour partager sa tâche. Puis il rassembla quatre hommes, dont deux officiers (et moi, MM. je regarderai toujours comme un honneur, d'avoir été l'un de ceux-là) dans une salle du palais du Louvre, et Dieu permit que ce fût en face des ruines encore fumantes des Tuileries incendiées dans la dernière insurrection, il nous exposa donc avec tout le feu, que lui inspirait son amour pour le peuple, ses projets et nous fit partager ses espérances. Qu'il était beau, qu'il était éloquent, quand il nous jeta cet appel : «Ah ! MM. si nous étions douze, nous ferions la conquête de la France ! » Et certes, MM. s'il nous eut été donné de voir un tel spectacle, celui que j'ai maintenant sous les yeux, de plus de mille ouvriers, attentifs à ma parole, quelles n'auraient pas été nos espérances ? De quoi n'aurions nous pas été capables ?

La charité, Messieurs, la charité, non point celle qui consiste à tirer un sou de sa poche pour le donner aux pauvres, mais la charité qui dit : « Aimez-vous les uns les autres, » voilà ce qui seul peut amener la paix entre celui qui travaille et celui qui fait travailler, et alors celui-ci ne regardera plus le peuple comme quelque chose à craindre, et le peuple à son tour ne verra plus le riche d'un œil de haine et d'envie.

Vous souffrez, je le sais, vous souffrez plus que les autres, je le sais encore, mais croyez-vous que je ne souffre pas, moi ; croyez-vous que ceux qu'on appelle les puissants de la terre ne souffrent pas ?

On a essayé jusqu'à présent bien des systèmes pour vous donner le bonheur, et tous ces systèmes à quoi ont-ils abouti ? Le plus souvent au profit personnel de ceux qui les prêchaient, quant au peuple, il les payait de son sang. Car c'est le peuple, sachez-le bien, qui a fait tous les frais de la grande Révolution. Vous comprenez maintenant que toutes ces utopies sociales sont des chimères, vous le savez, et si quelqu'un d'entre vous peut me dire qu'un des hommes qui les ont proposés a mendié pour faire du bien, est allé se faire empaler pour vous aux extrémités du monde, que celui-là se lève et qu'il parle !...

Tout ce qui a été fait jusqu'ici pour votre bien, c'est à l'Eglise catholique que vous le devez, et ce qu'un autre a pu faire dans le même but, il l'a emprunté à l'Eglise catholique.

A celui-là je pourrai dire : « Mon ami, vous êtes chrétien ; l'Eglise seule a pu vous donner un tel exemple. »

Nous seuls, catholiques, nous avons le droit de vous dire : « Nous vous apportons le bien, » non point parfait, mais le bien aussi grand qu'il est possible aux hommes de le donner.

Nos sœurs de charité, vous les avez vues dans les dernières guerres, et peut-être quelques-uns parmi vous ont-ils reçu leurs soins : soins pour l'âme aussi bien que pour le corps. Qu'on me dise que les systèmes révolutionnaires ont fondé des hospices pour vos vieillards, des hôpitaux pour vos malades, des orphelinats pour vos enfants !...

Et, MM. quoique je ne fasse point ici un sermon, laissez-moi vous parler un peu de l'âme. Avec le bonheur matériel, il y a le bonheur moral, second bienfait des cercles catholiques. Tous vous avez une âme, tous vous le savez, tous vous le sentez. En face de la mort l'incrédule cesse de nier, et pour ma part, jamais je n'ai vu un homme rester en face de l'éternité libre-penseur. Je me suis trouvé sur bien des champs de bataille, dans bien des hopitaux, et quelques fussent les opinions du soldat, toujours le blessé, porté sur un brancard, accueillait avec joie la soutane du prêtre et la paix qu'il lui apportait. Ce je ne sais quoi qui est la vie, qui est l'âme, fait revivre dans le blessé la foi de son enfance.

Laissez-moi, à ce propos, MM. vous communiquer une aventure qui m'est personnelle. J'étais dans les déserts de l'Afrique, comme officier de chasseurs, chaque jour des soldats du régiment périssaient victimes de ces fièvres pernicieuses, qu'engendrent les ardeurs du climat. Vous savez ou vous ne savez pas ce qu'est cette fièvre terrible, la première attaque est rude, la seconde, violente, la troisième, c'est la fin. Or, un soir, le silence le plus complet et le plus solennel régnait dans le camp ; chacun était retiré dans sa tente et rien ne venait troubler la majestueuse tranquillité du désert. Près de moi habitait le médecin du régiment, qui ne croyait, ou plutôt faisait profession de ne croire à rien. Je ne dormais pas. Tout à coup un bruit s'élève dans la nuit, cri d'angoisse et de douleur : Docteur, je veux savoir, s'il y a une éternité !

Jamais, MM. non jamais parole humaine ne pourra vous peindre mes impressions, ce frémissement, dont je fus agité en entendant cette voix plaintive, s'élever : Docteur, je veux savoir s'il y a une éternité ! ... Puis elle répéta, à deux ou trois reprises différentes, le même cri ; y a-t-il une éternité ? Et la voix allait s'affaiblissant toujours. Et moi, MM. moi qui vous parle, je m'étais dressé sur mon séant, mais je n'eus pas le courage de me lever, et de courir à ce malheureux, lui dire : Oui mon ami, il y a une éternité, songez donc à votre âme ! Mais non, j'entendis ces appels, et je n'y répondis pas ; et MM. le souvenir de ce moment terrible me poursuivra toujours et c'est peut-être un peu pour expier cette faute que je me trouve au milieu de vous, et consacrerai ce qui me reste de vie à vous répéter : Oui, il y a une éternité ! Le lendemain matin, on jeta le corps de ce malheureux dans une de ces caisses, qui servent à transporter les biscuits; on creusa un trou dans le sable et on y déposa le cadavre, que les chacals devaient dévorer, ou si c'était en temps de guerre, que l'arabe de passage devait mutiler atrocement.

Et puisque l'occasion s'en présente, permettez moi de vous raconter encore une anecdote. C'était dans les derniers jours du règne sanglant de la Commune ; un homme se tordait sur son lit de douleur : ses yeux retournés, le frisson qui parcourait tous ses membres, faisaient pressentir les approches de la mort. Cet homme allait périr, et tout eépoir semblait perdu, quand vint à passer un de ces prêtres, un de ces jésuites, dont il avait la veille fait fusiller les frères. L'homme de Dieu s'arrête, et s'approche de l'agonisant: « Mon frère ! mon ami ! » dit-il au moribond qui détournait son visage. — « Qui êtes-vous donc, vous qui m'appelez votre frère ? » — « Je suis le compagnon de ceux que vous avez massacrés hier. Je ne vous hais point, ce sont eux qui m'envoient vous apporter le pardon... » Le mourant le regarde, il colle ses lèvres desséchées sur le crucifix, et deux heures après il expirait chrétien. Cet homme, je dois vous dire son nom, vous l'avez entendu, c'était Vermorel.

Donc vous êtes tous chrétiens. Et d'ailleurs, est-ce donc si ridicule d'être chrétien ? Tenez, je le suis et je suis sûr que vous ne me trouvez pas ridicule ! Je ne crains pas de le dire, n'y eut-il qu'un seul homme, de cette assemblée, qui tout à l'heure, au détour de la rue, se dirait : Moi aussi je suis ouvrier chrétien ; n'y en eut-il qu'un seul, j'aurais gagné ma journée ! car au fond du cœur de l'ouvrier est une semence de religion, qui ne demande qu'à germer ; tous à quelque moment de votre existence vous avez senti en vous quelque chose qui venait d'en haut, quelque chose qui est une âme immortelle.

Rappelez-vous cette parole, MM. et croyez moi quand je vous dis que tout homme en mourant se souvient qu'il a une âme. Et c'est pour le salut des âmes, comme pour le bien-être du corps, que les associations catholiques ont été fondées. D'ailleurs elles ne datent pas d'aujourd'hui.

Souvent, Messieurs, vous avez entendu répéter que votre histoire datait de cent ans à peine, de ce qu'on appelle la Révolution, la grande.

On vous a dit que le peuple n'existait que depuis hier ; on vous a dit qu'il n'avait pas de passé glorieux, cela n'est pas vrai.

Pour moi, je suis fier, lorsqu'en lisant les hauts faits de notre pays, je remonte au temps des Croisades, et que je puis me dire : « Parmi ces guerriers, j'avais un ancêtre, » je suis fier, et à juste titre d'être Français.

Et vous aussi, Messieurs, vous avez un passé, un passé aussi beau et plus beau que n'en possède aucun autre peuple, votre histoire, elle est vieille comme l'histoire de la France !

Et il ne suffit pas pour en abolir la mémoire, que la Révolution l'ait biffée d'un trait de plume !

On a fait croire au peuple que la Révolution l'avait délivré d'une lourde charge en supprimant les corps de métier, ces admirables associations fraternelles, où pouvaient s'être glissés des abus, mais dont le but ne tendait qu'à l'honneur et au bien des artisans.

Hier, j'avais entre les mains l'histoire de Saint-Dizier. Dans cette ville florissante de nombreuses corporations ayant chacune leurs gardes du métier, ainsi appelés parce qu'ils étaient chargés de regarder les produits des diverses industries et de veiller à ce que tout fut conforme aux règles de l'honneur et de la loyauté. — Un jour, un boulanger fut accusé d'avoir fabriqué de mauvais pains. Les gardes du métier se rendirent aussitôt chez lui pour saisir les marchandises falsifiées, et pénétrèrent dans la maison malgré le refus d'ouvrir de la femme qui s'était barricadée et alla jusqu'à même les injurier. Le lendemain, le corps entier condamna à une forte amende le boulanger et sa femme pour avoir manqué aux règles de la probité, et lui interdit pendant un temps d'exercer une profession à la dignité de laquelle ils avaient osé porter atteinte.

Voilà, Messieurs, comment le peuple savait garder son honneur !

Et quel résultat a-t-elle donc obtenu de la suppression des corps de métiers ; la Révolution ? Si ce n'est d'individualiser le travail et par-là même de détruire le grand principe de la fraternité ?

Nos associations le rétabliront, Messieurs, détruiront cette grande lutte entre les classes de la Société qui tue la patrie, et vous nous donnerez ce beau spectacle dont j'étais témoin naguère.

2500 ouvriers, oui Messieurs, 2500 ouvriers se rendaient en pèlerinage à un sanctuaire vénéré de la Vierge-Marie, à Notre-Dame de Liesses ; et une grande partie de ces ouvriers étaient des parisiens.

Oui, Messieurs, des ouvriers parisiens qui s'étaient confessés, qui allaient communier. Jamais je ne vis troupe marchant en plus bel ordre et pourtant je dois m'y connaître un peu. Le village était paré comme pour une fête ; les rues étaient pleines de ces longues fils d'artisans qui à mon signal entamèrent ce beau cantique que vous apprendrez bientôt à conna.tre : « Espérance de la France, ouvriers, soyez chrétiens ! »

Comme eux bientôt vous vous rangerez autour de notre étendard à la croix flamboyante et portant la glorieuse devise : *In hoc signo vinces.* Par ce signe tu vaincras.

Bientôt vous chanterez comme eux : Espérance de la France, ouvriers, soyez chrétiens.

Je m'arrête, Messieurs, j'ai essayé de faire passer dans vos âmes l'enthousiasme qui déborde de la mienne, je n'en puis plus... Je tombe épuisé, voilà quarante-huit heures que je combats pour la cause du peuple ; hier à Troyes, aujourd'hui au milieu de vous, demain à Paris, je n'en puis plus... Et dites maintenant que je ne vous aime pas !

§. IX

Le soir de ce jour que nous n'oublierons plus, à 10 h. et demie, l'intrépide secrétaire général allait rejoindre un train de nuit qui l'emportait vers la capitale, où l'attendaient de nouveaux labeurs, et de nouveaux triomphes pour l'œuvre des Cercles catholiques d'ouvriers !

Telle est la journée que nous avons voulu reproduire.

Nous l'avons crue digne de rester à jamais gravée dans la mémoire comme dans le cœur de tous ceux qui de près ou de loin ont pu y participer. Car nous avons la pensée qu'elle marque le point de départ d'une nouvelle phase dans l'histoire de notre cité.

L'avenir montrera si nous nous sommes trompés.

Avant de finir, faisons entendre un dernier écho de cette voix éloquente qui a retenti dans nos murs.

Retraçons la lettre qui est parvenue quelques jours après au président du Comité local de l'œuvre, et arrêtons-nous sur la précieuse promesse qu'elle contient :

Paris, 30 décembre 1875.

Monsieur et bien cher Confrère,

« Je ne puis résister au besoin de vous remercier encore

« des grandes et incomparables émotions que vous m'avez
« fait trouver à St-Dizier. Toute cette journée, et plus que
« tout cette admirable soirée, restera gravée dans mon
« cœur; elle sera époque dans ma vie, et demeurera comme
« l'une des plus grandes joies que m'ait apportées notre
« grande œuvre ! C'est à vous, cher Monsieur, à vos dignes
« compagnons, c'est à votre courage, à votre dévouement,
« que sont dûs ces grands résultats, c'est à vous que je suis
« redevable de ce souvenir désormais impérissable. Merci
« donc, merci de tout mon cœur, à vous, à tous nos con-
« frères, à tous ces hommes de foi et de grand cœur qui
« ont entrepris l'œuvre de Dieu !

« Tout paraît préparé par la Providence pour que Saint-
« Dizier devienne le point central d'un vaste mouvement
« industriel : les dispositions de la population, le concours
« des patrons, la sympathie de ceux mêmes qui demeurent
« étrangers à l'œuvre, le local du Cercle providentiellement
« offert, l'intelligence de l'œuvre déjà si complète au sein
« du Comité, tout enfin permet d'espérer que nous pou-
« vons, là, produire une véritable et rapide transformation
« sociale. Ce sera l'éternel honneur de votre ville et le
« vôtre. Pour cela il faut redoubler d'ardeur, d'activité, de
« discipline et de confiance en Dieu.

« Comptez sur moi absolument pour vous seconder. On
« va nous disputer cette population, dès qu'on verra que
« nous agissons sur elle, et les meneurs vont s'acharner pour
« la corrompre. Il faut lutter avec passion pour rester
« maîtres du terrain et gagner à Dieu tous ces hommes.

« A l'œuvre donc ! hardiment, courageusement, et avec
« persévérance : et si vous voulez que je vienne un jour
« vous donner encore une fois ma petite part d'efforts per-
« sonnels, appelez-moi ; pour me retrouver en face de ces
« 1200 hommes je ferais bien du chemin.

« . . . .

« . . . . Parlez de moi à tous nos confrères, et
« croyez-moi, ainsi qu'eux-mêmes, de tout cœur à vous en
« N.-S. Jésus-Christ. »

A. DE MUN,

L'ASSOCIATION CATHOLIQUE

REVUE MENSUELLE
DES QUESTIONS SOCIALES ET OUVRIERES

On s'abonne à Paris, au secrétariat de l'*OEuvre des Cercles catholiques d'ouvriers*, 10, rue du Bac, et à la librairie Henri Briquet, à St-Dizier.

Prix de l'Abonnement :

PARIS ET LES DÉPARTEMENTS...... UN AN... **20 FRANCS**
——   —   SIX MOIS. **12 FRANCS**

Cette Revue est un instrument de combat pour propager, par la discussion et par l'étude, l'esprit de l'OEuvre, pour développer le principe et les applications de l'Association catholique, suivant les enseignements de l'histoire, et dans les conditions où nous place notre état social ; pour montrer ainsi, dans une pleine lumière, comment les classes d'une société réconciliée avec les doctrines de l'Eglise sur la société civile pourraient former une union féconde par le dévouement des classes dirigeantes aux classes ouvrières.

Elle s'adresse surtout aux classes dirigeantes qui, en vertu des devoirs inhérents à toute mission d'autorité, sont tenues d'aller aux classes ouvrières, et de leur apporter un soutien moral et matériel.

La Revue comprend deux parties :

Dans la première sont réunis les travaux embrassant l'ensemble des questions sociales et des questions ouvrières.

La seconde comprend chaque mois :

1° Une *Chronique générale* ayant pour objet de faire pénétrer, dans les esprits, les principes, la foi et les applications de l'OEuvre ;

2° Une *Chronique de l'organisation du travail en France et à l'Etranger*, rendant compte de tous les faits intéressant les questions ouvrières, et résumant les correspondances dont elle s'assure le secours ;

3° Une *Chronique du mouvement catholique*, faisant connaître les faits qui intéressent l'histoire contemporaine de l'Eglise, et dont l'influence sur la question sociale est immense.

Enfin, elle a soin que ses lecteurs soient tenus au courant des ouvrages qui se rapportent à ses études, et des travaux législatifs sur le même objet.

www.ingramcontent.com/pod-product-compliance
Lightning Source LLC
LaVergne TN
LVHW020007180726
843503LV00008B/3837